LEER EN ESPAÑOL. PRIMEROS LECTORES

NIVEL 2

Tobías y el tren mágico

español
Santillana

Hoy es domingo y es el cumpleaños de Tobías. Cumple 10 años.
¡Cumpleaños feliz, cumpleaños feliz, te deseamos todos, cumpleaños feliz!
TRENES
10 AÑOS
Toma, Tobías, este es mi regalo.

Tobías abre su regalo. Está muy nervioso. ¿Qué puede ser?
10 AÑOS
¿Una llave?
¡Pero es una llave muy especial! ¿Quieres saber cómo funciona?
¡Ven!
CUIDADO CON EL PERRO
PELIGRO
STOP
PELIGRO
PROPIEDAD PRIVADA
Papá abre la puerta de su taller.

Papá hace muchas cosas especiales. El regalo de Tobías está en medio del tall

Un tren, ¿no lo ves?

Pero ¿dónde están las vías? Los trenes van por las vías.
¡Sí! Pero este tren es mágico. Es El cohete de Tobías.

¿Un tren mágico? ¡Guay!
10 AÑOS
¡Y puede ir a cualquier lugar!

No me gustan los trenes. Yo prefiero tomar un helado.
Virginia, hoy no es tu cumpleaños.
El cohete de Tobías
10 AÑOS
Papá sube al tren. Y después suben Tobías, mamá y Virginia.

¡Papá, es genial!
¡Ven! ¡Sube a la cabina!
10 AÑOS
Rodolfo

¡Aquí empieza la magia! Tobías, ¿adónde quieres ir?
CASA
EMERGENCIAS
SILBATO
PINTURA
PINTURA

Tobías tiene una idea.
¿Está muy lejos la playa?
Sí, muuuy lejos.
Para algunos trenes sí, pero con este tren está muy cerca.
Primero, escribes «playa» en el ordenador...
playa
Después, metes la llave aquí y en un momento estás allí.
¿Y para volver a casa?
Para volver a casa pulsas este botón.
CASA

¡Piiiiiiiiiii!
¿Puedo pulsar este botón, papá?
Sí, claro.
EMER
SILBATO
¡Qué guay!
¿A que sí? ¿Nos vamos a la playa?
10 AÑOS
Mamá no quiere ir a la playa.
¡Adiós, mamá!
¡Adiós! Recordad que mañana hay colegio.
Se abrochan los cinturones y Tobías mete la llave.
Pero el tren no se mueve.
Esta magia es muy aburrida. ¡No funciona!
Virginia baja del tren.

Pero…
¡Papáááá!
¡Oh, no, la marea!
Papá, ¿podemos jugar en la playa?
Sí, claro.
El agua del mar no es buena para El cohete de Tobías, pero el tren pesa mucho y no lo pueden llevar hasta la orilla.
Los niños corren hasta la arena y papá se queda al lado del tren.
¡Virginia, vamos a hacer un castillo de arena!
Pero eso es aburrido.

Por fin, la marea baja.
¡Piiiiiiiiiii!
¡Piiiiiiiiii!
El tren ya funciona.
¡Tobías! ¡Virginia! ¡Volvemos a casa!
¿Vamos ahora a la heladería?
¡Vale, sí!
¡Muy buena idea!
¡Abrochaos los cinturones! Tobías, pulsa el botón de casa.
Rodolfo

La heladería está al lado del colegio de los niños. Aquí los helados son deliciosos.
Voy a preparar un helado especial para ti, Tobías.
10 AÑOS
Papá, ¿qué hace ese policía?
de Tobías
¿Policía? ¡Vamos, niños, tenemos que irnos!
Perdone, señor. ¿Es este su… bueno… su…?
Sí, lo siento. ¡Adiós!
Y de repente el tren ya no está allí.
Bien… pues… no sé…
¡Vuestros helados, chicos!

El martes papá tiene otra sorpresa para todos.
María, no te preocupes por la cena. Armando nos invita a cenar.
¿Tu hermano? Pero Armando vive en...
Sí, en Canadá. ¡Vamos!
El tío Armando es el hermano gemelo de papá. Vive en una casa junto a un lago en el bosque.
Después de la cena, el tío Armando les enseña algo.
Es algo muy especial. ¡Vamos a verlo!

Todos salen de la casa.
¡Mirad!
¿Qué es?
¡Es precioso!

El cielo está lleno de luces verdes y azules que bailan.
Es la aurora boreal.
Sí. Gracias, Armando.
¡Esto es mucho mejor que ver la tele!

El jueves en el colegio, Tobías aprende todo sobre los leones, las jirafas y los elefantes.
ÁFRICA
león
elefante
Después, por la tarde...
¿Quieres ir a África?
Pero África está muy lejos.
¡No en El cohete de Tobías! ¡Vamos!

En África el sol brilla siempre y hace **mucho** calor.
¡Esto es muy aburrido!
El cohete de Tobías
¡No, es genial! Puedo ver elefantes, leones y...

¡PUMM!
¡Oh, oh! Creo que el sol no es bueno para El cohete de Tobías.
ACEITE
Hay que reparar algunas cosas.
Papá, ¿qué es eso?

Es un rinoceronte. ¡Mirad, también hay un rinoceronte pequeño!
¡El rinoceronte grande viene hacia nosotros y parece muy enfadado!
No te preocupes, papá. ¡Yo sé cómo funciona!
SILBATO
¡NIINOO, NIINOO!
¡RRRRIIIIIN!
¡UUUUH, UUUUH!
¡UUUH, UUUH!
¡Virginia, ese no es el botón correcto!
¡Rápido, Tobías! ¡Vamos!
Al rinoceronte no le gusta el ruido de la alarma de emergencia.

El rinoceronte corre muy rápido hacia el tren. Está **muy** enfadado.
¡Papá, ayuda!
El cohete de Tobías
¡Los cinturones de seguridad! ¡Rápido, Tobías! ¡Volvemos a casa!
¡Buuuum!
El rinoceronte choca con el tren.
¡Aaaahhhh!
¡Noooooo!
¡Aaaahhhh!
De repente, El cohete de Tobías gira en el aire...

Y un poco después...
¡Noooooo!
¡Aaaahhhh!
¡Aaaahhhh!
Pero ¿dónde estamos?
¡No me gustan los trenes y no me gusta la magia!

Dos días después, en el hospital…
¡Que **te** mejores!
Es la hora del baño.
Bueno, adiós, cariño. Hasta mañana.
Hasta mañana. Adiós, Virginia.
Adiós, papá.
Pero papá tiene algo para Tobías.
¡Tobías, espera un momento!
¡Mira esto!

El cohete de Tobías II. ¡Mejor y más grande!
¡Qué guay!
¡Tobías, vamos! ¡Mamá espera!
¿Y puedes hacerlo mejor y más pequeño?
¿Más pequeño?
Sí. ¡Así Virginia no puede entrar!

Pictodiccionario

abrocharse el cinturón

la cabina

el castillo de arena

chocar

el cumpleaños

girar

el helado

la marea

meter la llave

Pictodiccionario

la orilla

la playa

pulsar el botón

el regalo

reparar

el rinoceronte

el silbato

el taller

las vías